Rudolf Steiner

Von wem habe ich meine Seele geerbt?

Der Weg des Menschen von Volk zu Volk

Ein Vortrag in Bern am 14. Dezember 1920

Inhalt

Vorwort

Dieses Heftchen ist als Ergänzung zu den drei Vorträgen Rudolf Steiners gedacht, die in «Karma verstehen» (Archiati Verlag 2004) enthalten sind. Dort steht die Perspektive des einzelnen Menschen auf seinem Weg durch verschiedene Leben im Vordergrund: Es wird zum Beispiel geschildert, wie jeder einen verborgenen Menschen in sich trägt, der als «künstlicher Gedankenmensch» in Erinnerung gerufen werden kann; wie jeder Mensch oft von einem zum nächsten Leben zwischen Bluts- und Wahlverwandtschaft mit Menschen abwechselt, die ihm nahe stehen; wie jeder einmal den Schwerpunkt auf das Wissen legt und dann wieder den Glauben bevorzugt.

In diesem Vortrag steht hingegen die Perspektive des Volkes im Vordergrund. Es wird dargestellt, wie Menschen sich in immer neue Völker, in immer andere Bluts- und Vererbungsströmungen, verkörpern. Dabei «wandern» oft viele Menschen zusammen von einem Volk zum nächsten. Die Vererbung hat nur mit dem Körper zu tun: Die Seele erbt nichts vom Blut, sie bekommt nichts vom Boden des Volkes, in das sie sich hineinverkörpert. Die Erfahrungen, welche die Seele aus dem Leben in einem anderen Volk mitbringt, bestimmt das Wesen eines Menschen weit mehr als das, was ihm durch seinen Körper vererbt wird.

Diese Ausführungen Steiners sind die denkbar größte Hilfe, jede nationalistische Gesinnung zu überwinden. Unsäglich leidet die heutige Menschheit unter der Zersplitterung in Nationalitäten und Gruppierungen aller Art. Die heilende Wirkung eines geisteswissenschaftlich fundierten Internationalismus kann nicht unterschätzt werden. Eine dauerhafte Überwindung des Nationalismus ist nur möglich, wenn das Individuum ein klares Bewusstsein davon erlangt, dass dasjenige, was in den Seelen der Menschen lebt, eine ganz andere Herkunft hat, als was der Körper blutsmäßig vom Volk vererbt bekommt.

Monika Grimm und Michael Schmidt
Archiati Verlag

Rudolf Steiner

Von wem habe ich meine Seele geerbt?

Meine lieben Freunde! Heute wollen wir unseren Ausgangspunkt davon nehmen, den Fortgang der Seele durch die aufeinander folgenden Erdenleben etwas zu betrachten.

Die äußeren Erscheinungen, die da auftreten, die kennen Sie ja aus Ihrer übrigen Beschäftigung mit der Geisteswissenschaft. Wir wollen aber heute auf einige Dinge zu sprechen kommen, die eines genaueren Eingehens doch durchaus noch bedürftig sind.

Sie wissen: Wenn der Mensch durch des Todes Pforte geht, so ist ja das Erste, dass er seinen physischen Leib ablegt. Er hat zunächst dasjenige, was wir das Ich nennen mit seinem ganzen Inhalt, dann dasjenige, was wir den astralischen Leib nennen, und zunächst auch noch den ätherischen Leib, wenn auch nur für kurze Zeit.

Diese Zeit, in welcher der Mensch den ätherischen Leib noch hat, ist für ihn eine Zeit der Rückschau auf das letzte Erdenleben. In einer bildhaften Art tritt sein letztes Leben vor seine Seele. Es endet damit, dass dieser ätherische Leib, man möchte sagen, ebenso nach oben, nach dem Weltenraum zu, abgestoßen wird, wie der physische Leib nach unten, nach der Erde zu, abgestoßen wird.

Dann ist also der Mensch mit seinem astralischen Leib zusammen. In diesem astralischen Leib haben wir durchaus noch die Nachwirkungen des ätherischen Leibes, also alles dasjenige, was dieser astralische Leib erlebt hat dadurch, dass er mit dem ätherischen und auch übrigens mit dem physischen Leib im letzten Erdenleben zusammen war. Sie wissen, dass es ja eine längere Zeit dauert, bis dieser Astralleib nun auch abgestreift wird.

Ich habe wohl sogar schon in unserer Literatur darauf aufmerksam gemacht, dass man nicht etwa einfach radikal von einer Auflösung des ätherischen und des astralischen Leibes sprechen darf, sondern: Diese Auflösung ist in Wirklichkeit ein Heraustreten derjenigen Kräfte, die der Mensch in sich hat, in das Weltall. Der Ätherleib trägt ja in sich gewissermaßen die Einprägungen von all dem, was der Mensch im Leben durchgemacht hat. Das ist eine Summe von, ich möchte sagen, *Formgebilden.* Diese Summe von Formgebilden, die breitet sich immer mehr und mehr aus, prägt sich in der Tat dem Kosmos ein. So dass dasjenige, was sich abgespielt hat als unser Leben und was sich einprägt dem ätherischen Leib, tatsächlich kräftemäßig im Weltall weiterwirkt. Wir übergeben die Art und Weise, wie wir uns gegenüber dem Ätherleib benommen haben, dem Kosmos.

Unser Leben ist nicht bedeutungslos für das ganze Weltall. Gerade dadurch kommt durch die Erkenntnis der anthroposophischen Geisteswissenschaft an den Menschen ein starkes Verantwortlichkeitsgefühl heran, dass er denken muss, wie dasjenige, was er dem Ätherleib einverleibt durch sein intellektuelles Leben, durch sein Gefühlsleben, durch sein Willensleben, also durch seine Moralität, sich durchaus dem ganzen Kosmos mitteilt.

Im Kosmos sind enthalten – ja, wenn ich so sagen darf – die «Aufführungen» der Menschen, welche in vergangenen Zeiten gelebt haben. Es sondert sich in einer gewissen Weise dasjenige, was von unserer Lebensführung bis hinein in die Gestaltung des ätherischen Leibes mitwirkt, und sammelt sich in der ganzen großen Welt an. Wir machen im Grunde genommen die Welt mit! Und wir müssen dieses Verantwortlichkeitsgefühl bekommen, wenn wir wissen, dass wir die Welt mitmachen, dieses Verantwortungsgefühl, welches sich dadurch ausdrückt, dass wir uns fühlen als Mitschöpfer der Welt.

Auch dasjenige, was wir weitertragen als unseren astralischen Leib, das dürfen wir nicht einfach so ansehen, als ob es sich dann zerstreute im Weltall, als ob es sich auflöste im Weltall. Das ist nicht der Fall, sondern auch dies teilt sich dem Weltall mit, allerdings dem geistig-seelischen Teil des Weltalls.

Und wenn das Ich sich losgelöst hat von diesem astralischen Leib, nachdem der Durchgang durch die Seelenwelt vollendet ist, dann ist gewissermaßen dasjenige, was wir unserem astralischen Leib einverleibt haben, draußen im Weltall. Man geht nur getrennte Wege: Der astralische Leib geht abgesondert vom Ich seine eigenen Wege, das Ich geht auch seine eigenen Wege.

Aber man kann nicht von einer Vernichtung des astralischen Leibes sprechen, im Gegenteil: Dieser astralische Leib entwickelt sich weiter. Und es wird durch seine Wechselbeziehung zum Weltall etwas aus ihm, einfach dadurch, dass wir ihm die Wirkungen gewisser moralischer Impulse eingepflanzt haben und er nun mit der Gestalt, die er bekommen hat von dieser Wirkung der moralischen Impulse, sich dem Weltall mitteilt, gewissermaßen sich hineinschiebt in das geistig-seelische Weltall. Dadurch entsteht eine Wechselwirkung zwischen ihm und dem geistig-seelischen Weltall.

Man kann dann allerdings sogar so sagen – wenn das auch halb bildlich ist, so entspricht es doch den Tatsachen –: Dieser astralische Leib dehnt sich immer mehr und mehr aus, aber er kommt mit seiner Ausdehnung gerade an eine gewisse Grenze. Da kann er sich nicht darüber hinaus ausdehnen, er beginnt sich dann wieder zusammenzuziehen. Und die Schnelligkeit oder Langsamkeit, mit der er sich entwickelt oder zusammenzieht, die hängt wesentlich ab von dem, was ihm einverleibt worden ist durch den Lebenslauf. So dass man sagen kann: Es teilt sich der astralische Leib dem Weltall mit, er stößt gewissermaßen, wenn ich mich so ausdrücken darf, an das Ende unseres geistig-seelischen Kosmos an und wird wiederum zurückgeworfen.

Das Ich geht nun seine Wege in einer eigentlich wesentlich anderen Welt, als dieser astralische Leib ist. Aber dieses Ich entwickelt innerlich eine Art von, man möchte sagen, Begierde, wie ich das ja selbst im gestrigen öffentlichen Vortrag ausdrückte. Und diese Begierde ist es im Wesentlichen, welche sich hingezogen fühlt gerade zu diesem zurückkehrenden astralischen Leib, der allerdings jetzt etwas anderes geworden ist.

Es findet in der Tat wiederum eine Art Verbindung statt zwischen dem metamorphosierten, zwischen dem umgeänderten astralischen Leib und dem Ich. Dadurch, dass dies geschieht, bekommt der Mensch nach den verschiedensten Seiten hin gewisse Neigungen, möchte ich sagen, indem er dem Zeitpunkt sich nähert, zu dem er wiederum auf die Erde zurückkehren soll.

Ich habe angedeutet, wie der astralische Leib hinaus sich dehnt in das Weltall, wiederum zurückkehrt, wie das Ich ihn gewissermaßen wiederum findet. Wir können das an der äußeren Gestalt des Menschen verfolgen, wenn wir den Menschen als ganzes Wesen, in seiner Totalität eben ansehen.

Wir müssen uns nämlich vorstellen, dass der Mensch, so wie er auf der Erde auftritt, wenn er durch eine Geburt geht, wirklich von zwei Seiten her gebildet wird.

Jener astralische Leib, von dem ich Ihnen eben geschildert habe, wie er ins Weltall hinaus sich ausgedehnt hat und wiederum zurückgekehrt ist, der begegnet sich gewissermaßen mit dem Ich. Bildlich gesprochen kommt er wie eine Art von Hohlkugel heran, von einer Hohlkugel, die immer kleiner und kleiner wird, so kommt er an das Ich heran. Er hat seine Verwandtschaft mit dem planetarischen System.

Das Ich entwickelt auf seinem Weg zwischen Tod und neuer Geburt mehr eine andere Art von Sehnsucht. Obwohl die Sehnsucht nach dem astralischen Leib auch vorhanden ist, entwickelt es doch noch mehr eine Sehnsucht nach einem bestimmten Punkt der Erde hin – in ein Volk, in eine Familie hinein. Aber auf der anderen Seite zieht sich dasjenige zusammen, was als der umgewandelte astralische Leib von außen kommt, und dasjenige, was das Ich jetzt nach dem Durchmachen der Zeit zwischen dem Tod und einer neuen Geburt ist und was eine starke Anziehungskraft nach dem Irdischen hin hat, nach Volk, Familie und so weiter.

Das, was den Kräften dieses umgewandelten astralischen Leibes ausgesetzt ist, das sehen wir wiederum, wenn wir den nun geborenen Menschen in Bezug auf die äußere Oberfläche seiner Leiblichkeit ansehen. Dasjenige, was gewissermaßen von unserer Haut, einschließlich der Sinneswerkzeuge, nach innen hin organisiert wird, das wird uns aus dem großen Kosmos heraus organisiert. Dasjenige aber, was organisch dadurch entsteht, dass das Ich sich mit der Erde verbunden fühlt, sich zur Erde hingezogen fühlt, das bewirkt die Organisation von innen heraus, entgegen der anderen Organisation. Das bewirkt mehr die Knochen-, Muskel-Organisation und so weiter, das also, was von innen gewissermaßen dem entgegengestrahlt wird, was von der Haut und von den Sinnen von außen nach innen strahlt.

Wir sind gewissermaßen organisiert in Bezug auf den äußeren Umfang unserer Leiblichkeit aus dem Makrokosmos heraus, und wir sind von der Erde aus organisiert mit Bezug auf dasjenige, was das eigentliche Ich durchströmt, was von innen heraus entgegenwächst der Haut-Sinnes-Bildung.

So ist der Mensch eigentlich aus dem Weltall heraus geboren. Und der Aufenthalt im mütterlichen Leib, der bildet ja nur, ich möchte sagen, die Gelegenheit dazu, dass sich diese zwei Kräfte, eine makrokosmische und eine irdische Kraft, miteinander verbinden. Der Mensch ist aber durchaus ein Wesen, das nicht etwa aus einem Punkt heraus wächst, aus der Keimanlage, sondern der Mensch ist ein Zusammenfluss von auf der einen Seite außertellurischen, außerirdischen Kräften, die eben durch seinen umgewandelten astralischen Leib zusammengehalten werden, und auf der anderen Seite von demjenigen, was diesen außerirdischen Kräften, von der Erde beeinflusst, entgegenwächst.

Innig zusammenhängend mit dem, was uns vom Kosmos heraus anwächst, innig verwandt mit dem ist das, was wir unseren Verstand, unseren Intellekt, unser *Vorstellungsvermögen* nennen. Dieses unser Vorstellungsvermögen weist uns in der Tat zurück auf unser früheres Erdenleben. Dieses unser Vorstellen bekommen wir dadurch, dass dasjenige, was wir unserem astralischen Leib im früheren Erdenleben einverwoben haben, in den Kosmos hinaus sich gedehnt hat und wiederum zurückgekommen ist und jetzt gewissermaßen als Hauptorgan unseren Kopf aussucht, der ja im

Wesentlichen von außen als ein Haut-Sinnesorgan gebildet ist. Das Übrige ist gewissermaßen als Haut-Sinnesorganisation nur Anhängsel zum Haupt.

In dem dagegen, was mit den irdischen Kräften verwandt ist, weil das menschliche Ich, wenn es wiederum zur Geburt geht, sich zu einem Punkt der Erde hingezogen fühlt, kommt mehr unsere *Willensorganisation* zum Ausdruck.

So dass wir sagen können: Wenn wir wieder geboren werden, gibt uns der Himmel unseren Verstand, die Erde unseren Willen. Zwischen beiden liegt dann das «Fühlen», das uns weder die Erde gibt noch der Himmel, das auf einer Art von fortwährendem Ausschlagen zwischen Erde und Himmel beruht und das im Wesentlichen sein äußeres Organ in dem rhythmischen System des Menschen hat, in dem Atmungssystem, in der Blutzirkulation und so weiter.

Das steht mittendrin zwischen der eigentlichen Hauptesorganisation, die im Wesentlichen eben das Ergebnis des Makrokosmos ist auf dem Umweg des früheren Astralleibs, und demjenigen, was uns von der Erde zukommt, unserer Willensorganisation. Zwischendrin steht unser rhythmisches System, steht unser Gefühlsleben, das auf dem Boden dieses rhythmischen Systems sich entwickeln kann und das wir ja, ich möchte sagen, auch äußerlich, sichtbarlich vollbringen zwischen Himmel und Erde.

Unser Haupt weist uns mehr nach unserem außerirdischen Ursprung. Unser Wille ist innig verwandt mit dem, was wir von der Erde haben. Zwischen beiden steht unser Gefühlsleben und, physisch betrachtet, unsere Zirkulation, unser Atmungsleben.

Es ist durchaus so, dass eine durchgreifende, eine totale Betrachtung des Menschen weder einseitig seelisch noch einseitig physisch ist, sondern dass die beiden, Physisches und Seelisches, ineinandergreifen bei dieser totalen Betrachtung.

Auf der anderen Seite können wir aber auch sehen, daraus dass wir, indem wir mit dem ganzen Makrokosmos zusammenhängen und gewissermaßen gerade in unserer Hauptesorganisation etwas in uns tragen, was aus dem Makrokosmos heraus gebildet ist, dass wir dadurch zurückgewiesen werden auf unsere Vergangenheit, dass wir mit unserem Intellekt überhaupt auf unsere Vergangenheit zurückgewiesen werden, und dass wir nur mit unserem gewöhnlichen Bewusstsein diese Erkenntnis nicht gewinnen, wie wir da zurückgewiesen werden auf unsere früheren Erdenleben.

Im alten orientalischen Weisheitsstreben versuchten diejenigen Menschen, welche Schüler der Eingeweihten waren, einen Zusammenhang zwischen ihrem rhythmischen Leben und ihrem Hauptesleben zunächst herzustellen. Für jenes Zeitalter, für die alte orientalische Weisheitsentwicklung, war es etwas Natürliches, eine höhere menschliche Entwicklung dadurch zu suchen, dass man den Atmungsprozess und damit auch den Zirkulationsprozess zu etwas Bewusstem machte, dass man in gesetzmäßiger Weise einatmete und dadurch Atmung und Zirkulation in das Bewusstsein heraufhob.

Das konnte der alte Orientale aus dem Grunde machen, weil sein Seelisch-Geistiges noch nicht so intensiv mit seinem Leiblichen verbunden war, wie das beim heutigen Menschen der Fall ist. Würde man einfach heute, ich möchte sagen, durch eine Art praktischen Anachronismus diese alte orientalische Methode, ohne in die höheren Erkenntnisse zu kommen, praktizieren, so würde man den menschlichen Leib mehr oder weniger ruinieren. Denn man würde dadurch zu tief eingreifen in die Gesundheit des physischen Leibes, weil heute ja der Mensch inniger verbunden ist, intensiver verbunden ist mit seinem Leib, als es zum Beispiel in der Zeit des alten indischen Weisheitsstrebens der Fall war.

Aber was erlangte dadurch derjenige, der solche Übungen im alten Indien durchmachte? Er machte den Atmungsprozess zu etwas Bewusstem, er atmete also bewusst ein. Dadurch erlangte er die Möglichkeit, allmählich den Vorgang zu verfolgen, der sich abspielt, indem die Einatmungsluft drückt, so dass allmählich das Hirnwasser durch den Rückenmarkskanal nach dem Gehirn hin pendelt, gewissermaßen an das Gehirn anschlägt.

Aber in diesem Zusammenschlagen desjenigen, was als Gehirnwasser aufwärts schießt beim Einatmen, was wiederum sinkt beim Ausatmen, in dem Zusammenschlagen des Gehirnwassers mit den festen Partien des Gehirns entstehen eigentlich die Vorstellungen.

Dieses Vorstellungsentstehen ist etwas viel Komplizierteres, als man es sich heute, wo alles materialistisch ausgedacht ist, vorstellt. Man denkt sich heute – oder wenigstens hat man es sich bis vor kurzem gedacht, heute verzichtet man ja wiederum auf genauere Vorstellungen –, man denkt sich irgendwelche Evolutionen, lässt irgendwelche Nerven eben dem Vorstellen zugrunde liegen. Das ist Unsinn, sondern es handelt sich darum, dass tatsächlich ein fortlaufendes Anschlagen des Gehirnwassers an das Nervensystem stattfindet, und dass dann diejenigen Vorgänge im Nervensystem sich abspielen, die den Kräften des Nervensystems zugrunde liegen. Das brachte der alte indische Weisheitsschüler sich zum Bewusstsein.

Was erfuhr er, indem er diesen ganzen Prozess bewusst verfolgte? Er erfuhr dadurch, wie dasjenige, was sein Gehirn geformt hat, eigentlich zurückweist in frühere Erdenleben. Er empfand gewissermaßen mit seinem jetzigen rhythmischen System sein früheres Erdenleben, das wurde für ihn zu einer Gewissheit.

Dadurch war es einfach selbstverständlich für einen solchen Weisheitsschüler, dass er ein früheres Erdenleben hatte: Er nahm es ja wahr, aber indem er den Atmungsprozess zu einem bewussten erhob.

Heute muss dieses auf andere Weise bewirkt werden. Heute kann es bewirkt werden durch eine so geartete Meditation, wie ich es ja auch im öffentlichen Vortrag ausführte, die nun nicht von einer besonderen Formung des Atmungsprozesses ausgeht – welche eben für den heutigen Menschen nicht durchgeführt werden darf –, sondern die ausgeht von einem Ruhen auf Vorstellungen, die also von der entgegengesetzten Seite ausgeht und daher

Rücksicht nimmt darauf, dass der Mensch heute intensiver mit seinem physischen Leib verbunden ist.

Dadurch aber, dass der Mensch im Vorstellen ruht, dadurch lernt er von der anderen, von der geistig-seelischen Seite her diese Nuance des rhythmischen Systems kennen. Er lernt den Prozess von der anderen Seite her nur so kennen, dass er nun nicht, wie es beim alten indischen Menschen der Fall war, tiefer in seinen Leib hineindringt – das darf er nicht, weil er ohnedies schon tief genug drinnen ist –, sondern indem er sich frei macht vom Leiblichen, also im Geistig-Seelischen den ganzen Kosmos verfolgt, der ihm klarmacht, wie das frühere Erdenleben mit diesem Erdenleben zusammenhängt.

Sehen Sie, meine lieben Freunde: Dasjenige, was in der Anthroposophie ausgesprochen wird, das sind nicht irgendwelche abstrakten, fantastischen Angaben, sondern das beruht schon auf einer durchdringenden Erkenntnis der menschlichen Organisation von innen aus: Nicht indem man den Organismus von außen untersucht als Leiche – oder auch nicht als Leiche, aber eben von außen –, sondern dadurch, dass man ihn von innen kennen lernt, dass man wirklich diese Wechselwirkung kennen lernt zwischen dem rhythmischen System und dem Nerven-Sinnes-System, und auf der anderen Seite die Wechselwirkung zwischen dem rhythmischen System und dem Stoffwechselsystem ... denn an den Stoffwechsel als solchen schlägt nun auch das rhythmische System an – aus dem innigen Kontakt der beiden.

Und lernt man nach der anderen Seite kennen dieses Zusammenfallen des rhythmischen Systems mit dem Stoffwechselsystem, so wird man gewiss, dass in uns schon der Keim zu dem nächsten Erdenleben steckt, indem einfach der Stoffwechsel nach seiner geistigen Seite hin die Keime enthält für das nächste Erdenleben. Wenn er auch zunächst das Niederste in der menschlichen Organisation für dieses Erdenleben ist, nach der geistigen Seite hin enthält er eben die Keime für das nächste Erdenleben. Man steigt so auf zu einem Betrachten des ganzen Menschen.

Sehen Sie, in dieser Beziehung stehen eigentlich die im abendländischen Zivilisationsleben drinnen steckenden Menschen wirklich vielfach wie der Blinde vor der Farbe. Vielleicht liegt es manchem von Ihnen fern, aber ich möchte doch darauf aufmerksam machen: Alles dasjenige, was wir mathematisch aufnehmen, was also durch Linienformen, Winkelformen, Senkrechtes, Waagerechtes spielt, was wir auch messen, alles dasjenige, was wir mathematisch aufnehmen, das entwickeln wir eigentlich aus unserem Innern heraus, das liegt unserem Inneren zugrunde.

In dem Augenblick, wo man anschauen lernt, was da unserem Inneren zugrunde liegt, redet man nicht kantisch, wo man einfach in eine Art unverstandenes Wort dasjenige gießt, was da im Innern des Menschen aufsprießt, wo man sagt: Die Mathematik ist eine Erkenntnis «a priori».

Nun ja, a priori, das ist so ein Wort, nicht wahr: Es ist von vornherein da, a priori. Lernt man aber innerlich schauen, dann weiß man, woher man dieses merkwürdige Mathematische hat. Es ist der astralische Leib durchgegangen durch die Mathematik des ganzen Weltalls, es hat sich das wieder zusammengezogen. Wir lassen einfach auftauchen aus unserer Seele dasjenige, was wir in einer früheren Inkarnation erlebt haben, was dann durchgegangen ist durch den ganzen Kosmos, was dann in der Feinheit der mathematisch-geometrischen Linien wiederum auftaucht.

Da sehen Sie, dass also einfach in dem «a priori» sich etwas ausspricht, was schon einem Anschauen der Welt entspricht, wie es der Blinde von der Farbe hat! Man müsste sonst sagen: Dasjenige, was im Kant'schen Sinne «a priori» genannt ist, das ist herrührend aus unseren früheren Inkarnationen und taucht in dieser Inkarnation in einer verwandelten Gestalt – allerdings durchgegangen durch den Makrokosmos – wiederum auf.

Ich habe Ihnen damit, meine lieben Freunde, von der Gesetzmäßigkeit gesprochen, die dem ganzen Menschen zugrunde liegt und die sich verrät, wenn man das Leben betrachtet, wie es durch die wiederholten Erdendaseine hindurchgeht.

Unsere heutige Zeit ist sehr abgeneigt, auf solche Dinge überhaupt Rücksicht zu nehmen. Daher bleibt unsere heutige Weltbetrachtung auch wirklich an der Außenseite der Dinge haften. Und das möchte ich Ihnen auch an einem Beispiel veranschaulichen.

Nehmen wir an, wir betrachten heute nach der Methode, die einmal üblich ist, irgendein Volk auf einem bestimmten Grund und Boden der Erde.

Nun ja, was tun wir heute als Geschichtsforscher? Wir sagen: Da lebt die heutige Generation, ihr ging eine andere voran, einer weiteren Generation ging wieder eine weitere voran. Wir kommen dann in frühere Jahrhunderte zurück, wir kommen in das Mittelalter zurück und verfolgen da, ich möchte sagen, die Blutströmungen durch die Generationen herunter, verfolgen die äußeren Vererbungen und sagen: Dasjenige, was in dem jetzigen Volk lebt, das führt sein Dasein zurück auf frühere Entwicklungsphasen dieses Volkes.

So betrachtet man heute die Geschichte. Wenn heute so ein richtiger Historiker, sagen wir, deutsche Geschichte oder französische Geschichte oder englische Geschichte möglichst weit zurückverfolgen will, dann verfolgt er sie durch die Vorfahrenkette hindurch, nach den physisch vererbbaren Merkmalen. Man redet dann wohl auch so, dass, was eine Generation der Gegenwart, die einem Volk angehört, darlebt, begriffen werden soll aus dem, was frühere Generationen dieses Volkes erlebt haben, aus dem also, was physisch vererbt ist.

Aber das ist ja doch nur eine ins Geschichtliche übertragene materialistische Denkweise!

Denn betrachten Sie einmal dasjenige, was Ihnen anthroposophische Geisteswissenschaft gibt, nicht als eine bloße Theorie, sondern als etwas, was auf das Leben wirklich angewendet wird, was man in die Lebensbetrachtung überführt. Dann müssen Sie doch nicht nur über die wiederholten Erdenleben spekulieren, müssen gewissermaßen nicht nur isoliert betrachten, dass Ihre Seele frühere Erdenleben durchgemacht hat und künftige durchmachen wird, sondern man muss auch dasjenige wirklich unter diesem Gesichtspunkt betrachten, was sich in der Welt ausbreitet.

Denn betrachten wir irgendeine jetzt lebende Generation ... gewiss, wir führen sie blutsmäßig zurück – äußerlich-physisch, vererbbaren Merkmalen gemäß – auf frühere Generationen, die meinetwillen auf demselben Boden gelebt haben, oder die wir auf irgendwelche Vorfahren auf einem früheren anderen Boden zurückführen können, indem wir über Völkerwanderungsströme und dergleichen gehen ... aber wir bleiben dabei eben durchaus im Physisch-Materiellen stecken.

Es ist aber doch nicht so. Wir haben eine Generation in der jetzigen Zeit vor uns, die in Bezug auf ihre physische Leiblichkeit von den Vorfahren abstammt. Aber *die Seelen,* die in jedem einzelnen Menschen leben, die brauchen ja gar nichts zu tun haben mit den Vorfahren! Die Seele hat ja auch dasjenige, was durch viele Generationen hindurch verlaufen ist und was äußerlich das Schicksal der Vorfahren darstellt, durchaus nicht auf der Erde miterlebt. Das hat ja diese Seele im Leben zwischen Tod und neuer Geburt in der geistig-seelischen Welt miterlebt.

Nicht wahr, wir blicken hinauf zu unserem Großvater, Urgroßvater, Ururgroßvater ... nun, wir waren noch nicht geboren, unsere Seele war in der geistigen Welt. Unser Leib hat von all denen geerbt, aber unsere Seele, sie hat von all denen nichts geerbt! Die hat ja während der Zeit in einer ganz anderen Welt gelebt, die braucht ja gar nichts zu tun haben in ihren eigenen Erlebnissen mit dem, was unser Körper von unseren Vorfahren geerbt hat.

Und wenn dann auf dem Gebiet der Geistesforschung diesen Dingen nachgeforscht wird, dann stellt sich allerdings vielfach für die äußerliche Betrachtung Paradoxes heraus. Man muss sich überhaupt klar sein darüber, dass wenn man über die wahren Tatsachen des Lebens anfängt zu spekulieren, zu philosophieren, so kommt in der Regel ein Unsinn heraus.

Das Anschauen gibt einzig und allein das Richtige. Und derjenige, der ein Geistesforscher ist, fühlt sich selber oftmals überrascht von seinen Resultaten. Ja, er kann geradezu in dieser Überraschung, die er von seinen Resultaten fühlt, eine Art Bewahrheitung finden, denn wenn er sich schon vorher die Sache gedacht hätte, würde er nicht in der Stärke die Bewahrheitung finden.

Aber gerade dadurch, dass die Sachen zumeist anders sind, als sie wären, wenn man sie sich ausdenken möchte, kann man in der Regel sehen, dass man nicht im Subjektiven, sondern im Objektiven sich bewegt, wenn man sich der wirklichen Geistesforschung hingibt.

Sehen Sie, da stellt sich mit Bezug auf dieses Geschichtliche in der Menschheit etwas heraus. Ich habe auch früher schon darauf hingedeutet, es soll allerdings nicht korrigiert, sondern nur ergänzt werden, denn wir bewegen uns ja auf einem sehr komplizierten Gebiet.

Wir haben früher gesagt, und das ist auch bis zu einem gewissen Grad eine durchaus richtige Tatsache, dass wir zum Beispiel unter der europäischen Bevölkerung zahlreiche Persönlichkeiten haben, die als Seelen früher im Süden gelebt haben, in den ersten christlichen Jahrhunderten, und jetzt mehr im Norden oder überhaupt in Europa verkörpert sind, aber mehr im Norden. Das ist durchaus wahr.

Aber es ist eigentlich nicht das Gros der Bevölkerung, da muss man schon woanders suchen, wenn man kennen lernen will die wirkliche Realität. Beim heutigen Gros namentlich der westlichen, aber auch der mittleren europäischen Bevölkerung, und bis nach Russland hinein, da wird man nämlich in geisteswissenschaftlicher Forschung nach denjenigen Zeiten geführt, wo die damalige europäische Bevölkerung aufgetreten ist als Erobererbevölkerung gegenüber den damaligen Ureinwohnern Amerikas.

Diese indianische Bevölkerung, sie hat ja merkwürdige innere seelische Qualitäten gehabt. Man wird solchen Dingen in der Regel nicht gerecht, wenn man, bloß egoistisch pochend auf seine «höhere» Kultur, das alles als ein bloßes Barbarentum anschaut, wenn man nicht das ganz Andersartige solcher Menschen, wie diejenigen, die erobert und ausgerottet worden sind nach der Entdeckung Amerikas, berücksichtigt, wenn man diese nicht in ihrer besonderen Eigenart betrachtet, sondern sie einfach von der Vogelperspektive einer «höheren» Kultur herunter ins Auge fasst.

Diese Urbevölkerung Amerikas, diese indianische Bevölkerung, hatte zum Beispiel merkwürdige pantheistische Gefühle. Sie verehrten einen «Großen Geist», der durch alles Werden webte. Die Seelen waren intensiv erfüllt von dem Glauben an den alles durchwebenden Großen Geist. Durch alles das, was damit im Gefühlsleben dieser Menschen zusammenhing, waren diese Seelen dazu prädestiniert, vorherbestimmt, ein verhältnismäßig kurzes Dasein zwischen Tod und neuer Geburt zu führen.

Aber jenes Verhältnis, das sich herausgebildet hatte zwischen ihnen und ihrem Grund und Boden, ihrer ganzen Umgebung, und diesem Schicksal, das sie dadurch hatten, dass sie ausgerottet wurden ... das alles war maßgebend für das Leben zwischen dem Tod und einer neuen Geburt. Und das hat dazu geführt, dass in der Tat das Gros – so paradox es eben klingt, es ist einfach die Tatsache so –, dass das Gros der westeuropäischen, mitteleuropäischen Bevölkerung, noch in den Osten hinein, nicht ganz, sondern nur zum großen Teil, aber eben doch zum großen Teil, dass dieses Gros der Bevölkerung zwar dem Blut nach von den physischen Vorfahren des Mittelalters abstammt, dass aber *die Seelen* diejenigen sind, welche in alten Indianerleibern gelebt haben.

So paradox es klingt, es ist gegenüber dem Gros der europäischen Bevölkerung dies der Fall! Dieses Erleben im Gefühl gegenüber dem Großen Geist, das ging eine Wechselwirkung ein mit dem, was ja allerdings im äußerlichen, geradlinigen geschichtlichen Werden da ist, und was man aufnimmt mit der ersten kindlichen Liebe, namentlich wenn man diese von innen heraus in Nachahmung wieder praktiziert. Dasjenige, was wir da aufnehmen, ist zum großen Teil eben von außen Aufgenommenes. Das geht eine Wechselwirkung ein mit dem, was eigentlich in der Seele aus früheren Inkarnationen herrührt.

Und man versteht das europäische Leben nicht, wenn man es nur einseitig nach dem betrachtet, was ja gar keine Wirklichkeit ist – nach den von den Vorfahren vererbten Merkmalen –, sondern wenn man weiß, *woher die Seelen kommen*, die sich dann mit diesen vererbten Merkmalen untermischt haben zur Wechselwirkung. Und erst als solches Resultat des Zusammenwirkens zwischen dem, was die Seelen sind aus ihren früheren Erdenleben, und dem, was diese Seelen angenommen haben durch Vererbung und auch durch Erziehung – Erziehung im weitesten Sinn –, bildete sich das heraus, was jetzt geschichtlich gewordene europäische Wirklichkeit ist.

Diese Bevölkerungen sind stark durchmischt worden von Seelen, die in den ersten Jahrhunderten des Christentums allerdings im Süden gelebt haben, und die dann auch wiederum in diesem West- und Osteuropa sich inkarniert haben. Aber alles dasjenige, was überhaupt im sozialen Leben sich abgespielt hat, und was sich namentlich immer mehr und mehr in der jetzigen katastrophalen Zeit abspielt, das weist hin darauf, dass die Wirklichkeit dieses europäischen Lebens eine komplizierte ist.

Und der Geistesforscher kommt darauf, dass sie kompliziert namentlich dadurch gemacht wird, dass eben wieder verkörperte Indianerseelen sich mit dem verbinden, was die vererbten Merkmale sind, was an vererbten Merkmalen in den einzelnen Nationalitäten und dergleichen auftritt.

Dem entgegen müssen wir dann eine gewisse europäische Bevölkerung stellen, die wir in den ersten christlichen Jahrhunderten antreffen, in der

Zeit, in der wir, der äußeren Geschichte nach, von der Völkerwanderung sprechen: diejenige Bevölkerung des Europa von einstmals, die als barbarische Bevölkerung das vom Süden kommende Christentum aufgenommen und in einer ganz anderen Weise gestaltet hat, als dieses Christentum etwa im Griechentum oder im Römertum in den allerersten Jahrhunderten sich ausgebildet hat.

Diese Seelen der Völkerwanderungszeit und noch der folgenden Jahrhunderte waren durchaus so geformt, dass sie sich stark beeindruckt zeigten von dem, was da als Christentum vom Süden nach dem Norden stieß, neben dem, was die ursprünglichen Anlagen dieser Bevölkerung waren.

Man muss durchaus sich klar darüber sein, dass diese Bevölkerung Europas, die das Christentum angenommen hat zur Völkerwanderungszeit, ganz besondere Eigenschaften an die Oberfläche brachte. Namentlich war ja in dieser Bevölkerung eine starke Hinneigung, die physische Organisation so zu gestalten, dass das Ichbewusstsein mit einer besonderen Vehemenz auftrat. Und dieses Ichbewusstsein, das da auftrat, das wurde zusammengebracht mit der Selbstlosigkeit des Christentums. Dadurch formte sich die Seele in einer bestimmten Art. Es waren also Seelen, die sozusagen das Christentum ein paar Jahrhunderte nach seinem Entstehen in sich aufgenommen haben.

Während das Gros der europäischen Bevölkerung jetzt Seelen verkörpert, die eigentlich das Christentum von außen kennen lernen – durch Erziehung, auch durch dasjenige, was von Gefühlen in der Vererbung liegen kann –, hatten diese Seelen in ihrem früheren Leben drüben in Amerika nichts von dem Christentum aufgenommen. Man soll sich nur einmal vorstellen, wie unendlich einleuchtend das Verhältnis der gegenwärtigen europäischen Bevölkerung zum Christentum ist, wenn man entdeckt hat, dass die Seelen zum großen Teil in ihren früheren Inkarnationen gar nichts erfahren haben vom Christentum, sondern dass das Christentum bei ihnen etwas Anerzogenes, eine gerade eben in der Generationenfolge fortgepflanzte Tradition ist – etwas Fortgepflanztes, Anerzogenes ist.

Diejenigen dagegen, die in Europa das erste Christentum, also das Christentum in seinen ersten Zeiten kennen gelernt haben, die verkörpern sich, indem die Zeit der Gegenwart zu rückte, gerade in der Gegenwart mehr nach dem Osten hin, mehr nach Asien hinein. So dass in der Tat diese einmal etwas durchchristeten Seelen jetzt nach der anderen Seite hin pendeln, dasjenige aufnehmen, was im Orient aus den alten orientalischen Traditionen geblieben und da in die Dekadenz gekommen ist. Die Japaner, geisteswissenschaftlich studiert, sind vielfach gerade charakteristische wiederverkörperte Seelen, die in Europa zur Zeit der Völkerwanderung gelebt haben.

Ja, wir können gegenüber hervorragenden Persönlichkeiten Verständnis dann entwickeln, wenn wir solches wissen. Versuchen Sie gerade diese merkwürdige Persönlichkeit des Rabindranath Tagore von diesem Gesichtspunkt aus zu verstehen. Dasjenige, was ihm anerzogen worden ist aus dem Orientalismus heraus, namentlich aus dem Indertum heraus, das hat er durch

Vererbung. Was er also von daher hat, das hat er durch Vererbung, das ist ihm anerzogen worden, das ist ihm von außen zugeflossen. Es ist ja dies im wesentlichen Dekadenz, daher hat es einen so koketten Charakter. Denn in einer gewissen Weise ist das, was man von Rabindranath Tagore hört, in einer außerordentlich koketten Weise geformt.

Aber der Europäer fühlt darin wiederum etwas, was bei Tagore warm durchglüht das, was in einer koketten Weise auftritt. Und das rührt davon her, dass diese Seele in einer früheren Inkarnation eben unter einem das Christentum annehmenden Volk gelebt hat.

Sie sehen, man betrachtet die äußere Welt nicht weniger abstrakt, wenn man sie bloß materiell betrachtet, als wenn man irgendwie sonst eine lebensfremde Lebensauffassung entwickelt. Was sieht man von der Menschheit der Gegenwart, wenn man nur ihre Blutsverwandtschaft, ihre Blutsabstammung weiß, wenn man keine Rücksicht zu nehmen vermag auf dasjenige, was die Seelen aus einer früheren Inkarnation mitgebracht haben? Dies verbindet sich ja mit dem, was in der äußeren Vererbung, in der äußeren Erziehung auftritt, zu einem Ganzen.

Diese Seelen, die da in Mitteleuropa zur Völkerwanderungszeit gelebt haben, die waren durch ihre ganze Seelenkonfiguration, vor allen Dingen dadurch, dass sie innerlich durchchristet waren, zum Beispiel für ein längeres Verweilen zwischen Tod und neuer Geburt vorherbestimmt, so dass sie länger diese Zeit durchmachten.

Dann wird der Geist-Erforscher, wenn er die Gegenwart untersucht, in jene Zeiten geführt, die etwas vor oder gleichzeitig mit dem Mysterium von Golgotha waren, gleichzeitig oder etwas nachher. In Asien drüben, da hat ja die Bevölkerung nichts angenommen gehabt von dem Mysterium von Golgotha. Aber allerdings, aus orientalischer Weisheit, aus dem, was im orientalischen Wesen ja durch Hingebung sich als Weisheit entfaltet hatte, wurde gewissermaßen dasjenige angelegt, was man in der ersten Zeit als Verständnis dem Christentum entgegenbrachte.

Das Mysterium von Golgotha steht eben als eine Tatsache für sich da. Es kann von den verschiedensten Zeitaltern in der verschiedensten Weise begriffen werden.

Die ersten Jahrhunderte der griechischen und römischen Entwicklung haben dieses Mysterium von Golgotha so begriffen, dass sie die zu ihnen vom Orient herüberkommende Weisheit anwendeten auf dieses Mysterium von Golgotha. Wie sie die Einkörperung des Christus in den Menschen Jesus von Nazareth verstanden, dafür bekamen sie die Begriffe von der orientalischen Weisheit.

Aber drüben in Asien waren die Menschen, die vor, zur Zeit und nach dem Mysterium von Golgotha lebten, allerdings auch schon mit einer etwas verschwommeneren, aber doch noch weit lebendigeren Gestaltungskraft begabt, als was Sie jetzt im Orient finden. Diese Menschen, die also zu jener Zeit in Asien wohnten, wenigstens ein großer Teil davon, sind heute gerade in der amerikanischen Bevölkerung vielfach verkörpert, in dem Gros der amerikanischen Bevölkerung.

Gerade dieser Teil der Menschheit hatte durch seine besonders ausgebildete orientalische Kultur eine lange Zeit zwischen dem Tode und einer neuen Geburt durchzumachen, so dass dies im Grunde genommen alte Seelen sind. Sie werden in Amerika geboren, in Leiber hinein, in denen sie sich eigentlich nicht – wenn ich mich so ausdrücken darf – ganz wohl fühlen, und die sie daher gerade mehr von außen anzusehen belieben als von innen. Daher ist dort heute die besondere Neigung nach äußerlicher Lebensbetrachtung.

Das Kuriose, das Paradoxe tritt einem da zutage, dass jene Seelen, die da im Orient drüben gelebt haben, die damals noch kein Christentum angenommen, aber eine feine geistige Kultur hatten, jetzt in amerikanischen Leibern leben.

Allerdings, ein Teil zeigt, ich möchte sagen, an einem abgesonderten Phänomen ganz deutlich, wie das ist. Der Orientale war zugeneigt dem Spirituellen der Welt. Indem diese Seelen in Amerika heute wieder erscheinen, entwickelt sich in ihnen ein – aber heute abstrakt gewordenes, nicht mehr innerlich lebendiges – Hinneigen zur spirituellen Welt. Dieses Erleben der spirituellen Welt war in verflossenen Zeiten, eben in früheren Inkarnationen, verbunden mit einem Übersehen der physischen Welt, mit einem Nicht-Hinblicken auf sie. Es tritt bei den Anhängern der «Christian Science» eben in einer dekadenten Weise auf: Es wird die Materie geleugnet, man will nicht hinsehen auf die Materie.

Man fühlt sich gewissermaßen, als wenn man die alte, aber lebendige Spiritualität nun in einer abgetöteteren Form, in einer leichnamhaften, geistig leichnamhaften, Form anbetete. Doch das ist ja nur ein, ich möchte sagen, herausgesonderter Teil. Im Ganzen kann man an der amerikanischen Auffassung sehen, wie Seelen nicht ganz voll in ihrem Leib sitzen, wie sie daher den Leib von außen erfassen wollen, wie selbst die Seelenwissenschaft in Amerika einen Charakter annimmt, in dem man im Grunde genommen keinen rechten Begriff vom Ich hat.

Weil die Seele mehr gewohnt war, im Überirdischen sich zu fühlen, wird diese Ich-Einkörperung, wie sie jetzt im Westen geschieht, nicht recht ausgebildet. Daher tritt das auf, was den einen Gedanken mit dem anderen nicht zusammensetzen lässt. Man nennt das dann «Assoziations-Psychologie». Da wird der Mensch etwas wie der Spielball der Gedanken, die sich so «assoziieren».

Es erscheint da kurioserweise etwas, was man mit einem Wort bezeichnen könnte, mit dem verleumderisch oftmals uns gegenüber die Lehre von den wiederholten Erdenleben bezeichnet wird: Man redet von «Seelenwanderung». Aber in Bezug auf die wiederholten Erdenleben darf bei uns nicht von Seelenwanderung gesprochen werden, wenn es nicht von verleumderischer Seite geschieht.

Denn in Bezug auf die wiederholten Erdenleben haben wir es mit einer Evolution, mit einer Entwicklung der Seele zu tun, nicht mit dem, was uns vorgeworfen wird. Aber in anderem Sinne kann man von Seelenwanderungen sprechen, indem in der Tat die Seelen, die in einem bestimmten Zeitalter einen Teil der Erde bevölkern, im nächsten Zeitalter doch nicht wiederum auf demselben Fleck der Erde verweilen, sondern auf einem ganz anderen Fleck.

So findet man

- die in den ersten christlichen Jahrhunderten im Süden verkörperten Seelen allerdings jetzt in Mittel-, West- und Osteuropa, mehr im Norden, findet aber diese Bevölkerung durchsetzt mit denjenigen Seelen, welche in Indianerleibern waren;
- in Asien drüben findet man die Seelen, die zur Völkerwanderungszeit und auch vor- und nachher in Europa gelebt haben;
- in Amerika die Seelen, die in Asien gerade zur Zeit des Geschehens des Mysteriums von Golgotha gelebt haben.

Wir stehen unbedingt vor einer Zeit, in welcher man die Sehnsucht nach einem Durchschauen der ganzen Wirklichkeit entwickeln wird.

Heute ist noch eine scharfe Opposition gegen dieses Durchschauen der ganzen Wirklichkeit, nicht etwa bloß auf theoretischem Gebiet, sondern auch auf dem Gebiet des äußeren Lebens. Bedenken Sie nur, wie ich von den verschiedensten Seiten her immer wieder und wiederum diese intellektualistische Krankheit, die aufgetreten ist in den letzten Jahren, kennzeichnen musste: dieses Betörtsein durch den Wilsonismus.

Ich musste oftmals, auch in öffentlichen Vorträgen, mit scharfen Worten auf dieses Betörtsein eines großen Teils der Menschheit durch den Wilsonismus hindeuten! In diesem Wilsonismus haben wir auch – aber in einer schon ganz abstrakten Form – etwas angedeutet, was aber natürlich langsam heraufgekommen ist als die äußere, im sozialen Denken auftretende Folge des Materialismus.

Langsam heraufgekommen ist im Laufe des 19. Jahrhunderts das *Nationalitätsprinzip*, dieses Pochen auf die Nationalität, dieses Leben-Wollen nur in der Nationalität. Das ist die Opposition gegen das Geistig-Seelische, denn dieses Geistig-Seelische, das kümmert sich nicht um die Nationalität!

Die Seelen, die heute in Europa leben, sind vielfach früher in Amerika gewesen; die Seelen, die heute namentlich in japanischen Leibern leben, die dürften gar nicht seelisch hinweisen auf ihre Vorfahren, sondern auf die Völkerwanderungszeit Europas.

Ja, die Amerikaner müssten ja nicht etwa stolz sein auf ihre Vorfahren, ihre Blutsvorfahren oder Ahnen in Europa, sondern müssten hinweisen darauf, wie sie gelebt haben zur Zeit des Mysteriums von Golgotha gerade in Asien drüben und da eine noch nicht durchchristete Kultur durchgemacht haben, so dass sie es auch sind, welche das Christentum durch äußere Tradition und äußere Erziehung annehmen. Es ist noch eine scharfe Opposition auch von dieser Seite aus gegen das geistig-seelische Auffassen der Welt.

Nicht nur in der Wissenschaft hat man diesen Materialismus, man hat ihn auch durchaus in der äußeren Zivilisation. Und das, was man heute aus

Europa machen will, diese neue Karte von Europa, die ist durchaus aus materialistischem Empfinden, materialistischen Impulsen heraus geformt.

Die Menschheit wird erst aufwachen, wenn sie zu diesen nationalistischen Impulsen, die materialistisch sind, die bloß auf einem Beobachten der äußeren Generationenfolge beruhen, hinzufügt die Betrachtung des sozialgeschichtlichen Lebens in seiner wahren Wirklichkeit. So dass man auch die Seelen sieht, die in den gegenwärtigen Leibern leben und die nur als eine äußere Hülle dasjenige haben, was in der Generationenfolge sich durch physische Vererbung fortpflanzt, oder was in der Tradition sich als geistige Kultur fortpflanzt und durch die Erziehung bloß angenommen wird.

In den Untergründen herrschen schon bei den Menschen solche Sehnsüchte, hinauszugehen über das, was eine bloß materialistische Betrachtungsweise liefern kann.

Natürlich nimmt sich gegenüber dem, was man heute gewohnt ist zu denken, vielfach das paradox aus, was aus der wirklichen Geistesforschung stammt. Aber wer nur hineinschauen will in das Leben, namentlich in das heutige Leben, das ja in Nöten absolviert wird, der wird zum Beispiel sehen, dass vieles ihm verständlich wird, gerade wenn er so hinhört auf das, was der Geistesforscher aus seiner gewissenhaften, exakten Forschung heraus gibt.

Der Mensch ist gewohnt, etwas auf das zu geben, was ihm mitgeteilt wird, sagen wir, von den Sternwarten oder dergleichen. Wenn irgendwo eine astronomische Entdeckung gemacht wird, so sagen die Menschen nicht, dass sie das auf Autorität hin annehmen. Sie werden sich nicht bewusst, dass sie es allerdings auf Autorität annehmen, aber im Zusammenhang mit dem gesunden Menschenverstand, der überschaut, dass das nicht töricht ist, was da von irgendeiner Sternwarte aus als Übertragung auf die übrige Welt geht, dass es ja vernünftig eingerichtet ist, so dass man schon einen Grund hat, nicht zu zweifeln, dass das, was einem da mitgeteilt wird, auf Wahrheit beruht. Der Lebenszusammenhang, der ist schon so, dass man durchaus nicht sagen kann, man nehme etwas bloß auf Autorität hin an.

So müsste man aber auch denken, wenn vereinzelte Geistesforscher nur wie vereinzelte Astronomen auftreten und dasjenige verkündigen, was aus der Geistesforschung heraus ist. Man wird das aber überall im Leben bewahrheitet finden, wenn man eben seinen gesunden Menschenverstand anwenden will.

Anthroposophische Geisteswissenschaft würde eben durchaus nur etwas Theoretisches, Abgezogenes im Leben bleiben, wenn sie nicht alles durchdringen würde, was einzelne Zweige dieses menschlichen Lebens sind.

Sie müssen sich auch nicht vorstellen, dass zum Beispiel die Geschichte von der Geisteswissenschaft aus so beeinflusst werden solle, dass man nun auch wiederum nur Epochengeschichte entwickle, Generationengeschichte, nur etwas tiefsinniger ... oder so etwas. Das ist nicht der Fall, sondern die geistigen Forschungen selber sollen vereinigt werden mit dem äußeren Material der pragmatischen oder sonstigen Geschichte, und daraus soll sich die Anschauung der vollen Wirklichkeit ergeben.

So groß heute in den unterbewussten Tiefen des menschlichen Lebens die Sehnsucht ist nach einer solchen, der Wirklichkeit gemäßen Auffassung des Lebens, so stark ist eben auch auf der anderen Seite, und zwar aus dem mehr bewussten Teil des menschlichen Lebens, noch die Opposition.

Und diese Opposition sucht alle möglichen Dinge auf, um eben sich den Schein einer Rechtfertigung zu geben. Sie schreckt nicht zurück vor jeder Art der Verleumdung. Ich habe Ihnen gestern an einem Beispiel gezeigt, wie unwahrhaftig diese Opposition wird, indem sie einfach lügt, die objektive Unwahrheit sagt. Man kann ganz absehen davon, dass dies Angriffe auf die anthroposophische Geisteswissenschaft sind, daran liegt einem schon gar nichts ... Aber auf was für menschliche Eigenschaften werden wir da hingewiesen!*

---

* In der Rudolf Steiner Gesamtausgabe Bibl.-Nr. 202 (1988) befinden sich an dieser Stelle Ausführungen Rudolf Steiners über die damaligen Gegner der Anthroposophie. Marie Steiner hat sie in ihrer Ausgabe von 1942 ausgelassen. Das Weggelassene sind Zeitereignisse, gleichsam Tagesereignisse, die nur im unmittelbaren Geschehen zum täglichen Leben gehören. 22 Jahre später gehören sie nicht mehr zum Leben der Leser. Wenn das Veröffentlichen eines Vortrags für das unmittelbare Leben geschieht, gelten andere Maßstäbe als für das Drucken im Hinblick auf eine wissenschaftlich-historische Forschung, die eine vollständige Wiedergabe des damals Gesagten verlangt. Dies ist sicherlich auch der Sinn der folgenden Worte Rudolf Steiners: *«Jeder kann ... drucken, was ich hervorgebracht habe; man kann es* in beliebiger Weise *verwenden, und das ist recht.»* (25.4.1919) Dies muss für Marie Steiner ganz selbstverständlich gewesen sein, da sie in ihrer Ausgabe den Leser nicht einmal mit einem Hinweis auf die Kürzung aufmerksam gemacht hat.

Umso mehr, meine lieben Freunde, müssen wir aus solchen Quellen Kraft schöpfen, die uns ein Weltbild geben, wie es die Menschheit für die Gegenwart und namentlich für die nächste Zukunft braucht, wie es namentlich diejenigen brauchen werden, die heute noch etwas jünger sind, denn sie werden gar nicht mehr leben können mit dem alten Weltbild. Wir sollten Kraft gewinnen gerade aus einem solchen Weltbild, das nun zum Beispiel die geschichtliche Betrachtungsweise ausdehnt, das über den Ursprung der Seelen redet, nicht bloß über den Ursprung der Leiber.

Aber wir sollten dazu die Kraft gewinnen, überall da, wo wir können, einzutreten für die Anthroposophie. Anthroposophie, meine lieben Freunde, wird Leute brauchen, die für sie eintreten.

Dasjenige, was heute als Opposition auftritt, es wird nicht kleiner werden, und es wird in der Zukunft nicht weniger schlimme Formen annehmen. Es wird im Gegenteil schlimmere und immer schlimmere Formen annehmen. Derjenige, der sich dessen bewusst wird, was an Anthroposophie liegt, er wird auch imstande sein, aus diesem Bewusstsein heraus wirklich den Boden zu finden, wo er eben in der entsprechenden Weise an seinem Platz wirkt.

Denn das, was aus der Anthroposophie heraus gewirkt wird, wirkt wahrhaftig nicht zu irgendwelchen persönlichen Zielen – es wird zum Heil *der Menschheit* gewirkt. Und man soll sich nicht abschrecken lassen davon, dass die Gegnerschaft immer größer und größer und immer hässlicher werden wird, dass heute schon viel Schmutziges drinnen ist ... es wird noch viel Schmutzigeres in dieser Gegnerschaft drinnen sein. Verliert man deshalb den Mut, so versteht man eigentlich doch nicht dasjenige, was für die zukünftige Entwicklung der Menschheit Anthroposophie ist.

Ich wollte mit diesen letzten Worten einmal auf etwas aufmerksam machen, worauf man hinsehen sollte in unserer Bewegung. Ich wollte diese letzten Worte gerade an eine so wichtige Betrachtung anknüpfen, wie wir sie heute angestellt haben über den Fortgang der Seelen durch die wiederholten Erdenleben, über die Art und Weise, wie wir von zwei Seiten her – von dem großen Weltall und von der Erde her – in unserer Organisation aufgebaut werden.

Dasjenige, was heute die äußere Wissenschaft von diesen Dingen weiß, ist ja so wenig! Es hat sich diese äußere Wissenschaft darauf beschränkt, bloß das allein zu betrachten, was schließlich das letzte Bild ist von dem, was an Kräften eigentlich da wirkt – äußeres Keimblatt, inneres Keimblatt und so weiter –, ohne zu wissen, welchen makrokosmischen Sinn das äußere Keimblatt hat, welchen tellurischen Sinn das innere Keimblatt hat, wie das wiederum zusammenhängt mit Vorstellung und Wille.

Ohne auf diese großen Zusammenhänge hinzusehen, betrachtet eine materialistische Anschauungsweise eben nur die Äußerlichkeiten, die letzten Äußerlichkeiten. Und ebenso in Bezug auf das Geschichtliche, wo man bloß dasjenige ins Auge fasst, was, ich möchte sagen, durch das Blut der Generationen rinnt, und was durch die Tradition im Laufe der geradlinigen Fortströmung des geschichtlichen Werdens auf irgendeinem Boden zu beobachten ist. Während die ganze Wirklichkeit verstanden werden kann, wenn man sich nicht nur fragt, was für Blut in diesen oder jenen Adern fließt, sondern: Woher kommt *die Seele*, die sich dieses Blutes nur bedient?

Nach totaler Menschheitsbetrachtung, nach wahrer Wirklichkeitsbetrachtung müssen wir streben, denn das fordert die Welt und wird es immer mehr und mehr fordern. Anthroposophie will das geben.

Das ist dasjenige, was ich heute zu Ihnen sprechen wollte. Wir wollen hoffen, dass wir uns nach einiger Zeit wieder sehen und solche Betrachtungen fortsetzen können, die zum Verständnis der Gegenwart und Zukunft, zum Verstehen der Menschennatur und zum Verständnis des Weltalls, insofern der Mensch aus ihm heraus geboren ist, weiter leiten können.

Rudolf Steiner (1861-1925) hat die moderne Naturwissenschaft durch eine umfassende Wissenschaft des Übersinnlich-Geistigen ergänzt. Seine «Anthroposophie» ist in der heutigen Kultur eine einzigartige Herausforderung zur Überwindung des Materialismus, dieser leidvollen Sackgasse der Menschheitsentwicklung.

Steiners Geisteswissenschaft ist keine bloße Theorie. Ihre Fruchtbarkeit zeigt sie vor allem in der Erneuerung aller Bereiche des Lebens: der Erziehung, der Medizin, der Kunst, der Religion, der Landwirtschaft, bis hin zu jener gesunden Dreigliederung des ganzen sozialen Organismus, in der Kultur, Rechtsleben und Wirtschaft sich genügend unabhängig voneinander entfalten können.

Von der etablierten Kultur ist Rudolf Steiner bis heute im Wesentlichen ignoriert worden. Dies vielleicht deshalb, weil viele Menschen vor der Wahl zwischen Macht und Menschlichkeit, zwischen Geld und Geist, zurückschrecken. In dieser Wahl liegt jene innere Erfahrung der Freiheit, die vor zweitausend Jahren allen Menschen möglich gemacht wurde und die nur zu einer zunehmenden Scheidung der Geister in der Menschheit führen kann.

Die Geisteswissenschaft Rudolf Steiners kann weder ein elitäres noch ein Massenphänomen sein: Einerseits kann nur der einzelne Mensch in seiner Freiheit dazu Stellung nehmen und sie ergreifen, andrerseits kann dieser Einzelne in allen Schichten der Gesellschaft und in allen Völkern und Religionen der Menschheit seine Wurzeln haben.